Bairisch für Einsteiger

Einstieg in die Sprache und Einblick in die Kultur und Lebensart der Bayern!

AF191336

Für Vlad und Veronika (zwei Neu-Münchner)

Bairisch für Einsteiger

Einstieg in die Sprache und Einblick in die Kultur und Lebensart der Bayern!

Rainer Kolbeck

Dieses Buch wurde mit größter Sorgfalt erstellt. Trotzdem können Fehler nicht gänzlich ausgeschlossen werden. Daher kann weder der Verlag noch der Autor für mögliche fehlerhafte Angaben und deren Folgen eine juristische Verantwortung oder irgendeine Haftung anderer Art übernehmen.

Für Verbesserungsvorschläge und Hinweise auf eventuelle Fehler ist der Autor sehr dankbar.

Bibliografische Informationen der Deutschen Nationalbibliothek: Die Deutsche Nationalbibliothek verzeichnet diese Publikation in der Deutschen Nationalbibliografie; detaillierte bibliografische Daten sind im Internet über http://dnb.dnb.de abrufbar

© 2022 Rainer Kolbeck

www.lernen-merken-wissen.de

Herstellung und Verlag: BoD – Books on Demand, Norderstedt

ISBN 978-3-7568-2882-1

Inhalt

Vorwort

Wenn Sie den bairischen Dialekt verstehen wollen oder sich sogar dazu entschlossen haben auch bairisch sprechen zu lernen, dann ist dieses Buch der richtige Einstieg. Sie finden hier aber nicht nur einen *überlebenswichtigen* Grundwortschatz, auf den Sie bei Bedarf aufbauen können, sondern Sie bekommen durch dieses Werk auch einen kleinen Einblick in die bayerische Kultur und wesentliche geschichtliche Hintergründe. Sie erfahren was in Bayern kulturell, traditionell und kulinarisch elementar ist!

Ich bin Stolz Bayer zu sein, daher ist es mein Ziel, Sie liebe Leserinnen und Leser ein bisschen neugierig auf Bayern zu machen und alle die in Bayern leben oder Bayern erleben möchten, im doppelten Sinne dabei zu unterstützen, Land und Leute besser zu verstehen!

München im November 2022

Rainer Kolbeck

Der Freistaat Bayern

Wir in Bayern *wissen scho lang wos langeht!*

Natürlich ist dieser Spruch nicht ganz so bierernst gemeint, wie er klingt, aber wir wissen alle, hinter jedem Scherz steckt oft ein Stückchen Wahrheit. Wahr ist definitiv, dass die Bayern nicht an mangelndem Selbstbewusstsein leiden, wie auch der oft gehörte Spruch *Mia san Mia* ausgedrückt, der seit jeher für das bayerische Lebensgefühl steht. Aber ein bisschen stolz dürfen die Bayern auf Ihren Freistaat ja auch sein, mit seinen schönen Seen und Bergen, seiner herausragenden Wirtschaftskraft und vielem mehr, was dieses Bundesland zu einem der attraktivsten Deutschlands macht. Das Bayern ein Freistaat ist, bietet allerdings gegenüber den anderen Bundesländern keinerlei Sonderrechte. Diese Bezeichnung hat einen geschichtlichen Hintergrund, sie stammt aus der Weimarer Republik, in der ein freier Staat, eine Republik so benannt wurde. Heute ist es nur noch ein wohlklingendes, historisches Überbleibsel. Aber ein wenig Nostalgie ist erlaubt und auch so manchem Bayern eigen. Und genau das bringt uns schon zum nächsten Thema.

Das Königreich Bayern

König Ludwig II von Bayern

Um sich in Bayern und dessen Kultur besser einfühlen zu können, sollte man wissen, dass der heutige Freistaat von 1806 bis 1918 ein Königreich war, das prägt so manchen noch heute. Denn, wenn im Wirtshaus in bierseliger Runde von „oidn Zeitn" geschwärmt wird, hört man nicht selten den Spruch „Mir woin unsan Kini wieda!". Mit diesem manchmal nicht ganz so ernst gemeinten Wunsch ist allerdings nicht Ludwig der III, der letzte König von Bayern gemeint, sondern eher Ludwig der II der sog. Märchenkönig. Obwohl dieser ein bisschen exzentrisch war und am Ende sogar entthront wurde, hat er aus heutiger Sicht sehr viel für Bayern getan und wird deshalb immer noch verehrt. Ludwig II war auch sehr melancholisch und privat nicht immer sehr glücklich. Er zog sich zurück, lebte in einer Traumwelt und versuchte seine verträumten Vorstellungen Wirklichkeit werden zu lassen. Als König hatte er die Mittel und Möglichkeiten dazu und dies gelang ihm teilweise auch durch den Bau der Schlösser Herrenchiemsee, Neuschwanstein und Linderhof. Damals jedoch stellten u.a. diese Bauvorhaben eine große finanzielle Belastung für das Königreich dar und fanden deshalb wenig Zustimmung bei den verantwortlichen Finanzbeamten. Heute denkt der bayerische Staat allerdings ganz anders darüber, denn jetzt zählen diese Schlösser zu den bedeutendsten touristischen Anziehungspunkten in Bayern.

Schloss Neuschwanstein

Ludwig förderte durch deren Bau so auch Kunst und Handwerk. Außerdem rief er als guter Freund und Mäzen von Richard Wagner, die Richard-Wagner-Festspiele im Bayreuther Festspielhaus ins Leben. Die sind bis heute noch ein jährlich wiederkehrendes Highlight und das Interesse daran ist so groß, dass die Kartenwünsche aus aller Welt das zur Verfügung stehende Kontingent um ein Vielfaches übersteigen. Ludwig II war als Kunstfreund so beliebt, dass mancher Künstler ihm seine Förderungen bereits zu Lebzeiten dankte, so widmete ihm beispielsweise Anton Brucker seine 7. Symphonie.

Seine Großzügigkeit, die nach Meinung mancher bis hin zur Verschwendungssucht reichte und den bayerischen Staat damals fast in den Ruin trieb, verschaffte dem König leider ein unrühmliches Ende, denn er wurde für geisteskrank erklärt und entmündigt, kurz darauf starb er. Es ist bis heute nicht geklärt, wie und warum. Sein Leichnam und der seines Leibarztes wurden nach einem Spaziergang am 13. Juni 1886 gegen 22 Uhr, nahe dem Ufer im Starnberger See gefunden. Manche sprechen von Selbstmord, andere behaupten er wurde ermordet.

So wünscht sich mancher Bayer mal mehr, mal weniger ernsthaft die Monarchie zurück. Denn bis heute verkörperte der *Kini* irgendwie die Vorstellung eines schönen Traumes, der noch in den Herzen vieler Bayern weiterlebt!

Bayern ist Kulturstaat!

Artikel 3 der Verfassung des Freistaates besagt, Bayern ist ein Kulturstaat. Das zeigt, welch hohen Stellenwert man der Kultur in diesem Bundesland beimisst. Von den 51 UNESCO-Welterbe-Stätten Deutschlands finden sich allein sieben in Bayern.

Nur in der Landeshauptstadt München gibt ca. 200 Kulturstätten, wie zahlreiche Musen, Kunstsammlungen und Galerien. Herausragend sind die Alte und die Neue Pinakothek und die Pinakothek der Moderne, alle drei gehören zu den renommiertesten Kunstsammlungen weltweit. Die Bayerische Staatsoper ist nicht nur Deutschlands größtes, sondern auch ein weltweit berühmtes Opernhaus. Aber auch die Glyptothek, das Haus der Kunst oder das Deutsche Museum sind weithin bekannt.

Musikalisch ist Bayern traditionell für viele die Heimat der Volksmusik, des Jodlers und des Schuhplattlers. Doch neben der traditionellen *Volksmusi* gibt es auch die *Neue Volksmusik* beispielsweise von der bayrischen Band Haindling, dem Liedermacher Konstantin Wecker oder bayerische Rock 'n Roll von der deutschlandweit bekannten *Spider Murphy Gang*. Aus Bayern stammen auch eher klassische Komponisten wie Carl Orff oder Richard Strauss.

Es gab und gibt natürlich auch Bayern, die zwar nicht weltberühmt wurden, aber von denen man als bayerninteressiert unbedingt mal gehört haben sollte. Künstler, die durch Ihre Heimat geprägt wurden und diese geprägt haben.

Karl Valentin mit seiner Kollegin Liesl Karlstadt

Einer davon, den ich unbedingt erwähnen muss, war der Komiker Karl Valentin (1882 - 1948), er wurde auch als Volkssänger, Autor und Filmproduzent bekannt. In München ist ihm sogar ein kleines Museum gewidmet und auf dem Münchner Viktualienmarkt steht ein Valentin-Denkmal. Sein ganz eigener *Hamur* (Humor) beeinflusste zahlreiche andere Künstler wie Bertolt Brecht, Samuel Beckett, Loriot, Gerhard Polt oder Helge Schneider. Lassen Sie sich die ein oder andere Episode auf Youtube nicht entgehen.

Speis und Trank

Nach der Kunst geht es jetzt in diesem kleinen Büchlein nun um etwas nicht weniger Wichtiges, nämlich ums Essen und Trinken.

Zunächst mal ums Trinken, denn sehr oft wird Bayern mit dem besten Bier der Welt verbunden und das mit Recht! Denn es ist keine Übertreibung zu sagen, dass die Bayern mit ihrer jahrhundertelangen Erfahrung und Brautradition, basierend auf dem Reinheitsgebot ein unvergleichlich gutes Bier herstellen. Bier ist Kulturgut und beinahe auch schon Grundnahrungsmitteln. Egal ob in der Oberpfalz, zwischen Amberg und Regensburg oder in Oberbayern in der Landeshauptstadt München. Am besten mundet der leckere Gerstensaft verbunden mit der bayrischen Gemütlichkeit in einem typisch bayrischen Biergarten.

Dort können Sie sich dann auch gleich mit den elementaren kulinarischen Gepflogenheiten vertraut machen. Zur kühlen Mass schmeckt natürlich eine knusprige Brezen, eine *Weißwurscht* mit süßem Senf rundet eine typische Brotzeit ab. Die Brotzeit ist das zweite Frühstück, das ca. um 10 Uhr eingenommen wird. Achten Sie bitte darauf, dass die *Weißwurscht* das *Zwölfeläutn* auf keinen Fall hören darf, das soll heißen, essen Sie niemals eine *Weißwurscht* nach 12 Uhr Mittag. Ein weiterer wichtiger Aspekt, der beim Genuss der Weißwurst sehr wichtig ist, sie muss *gezuzelt* werden: Nehmen Sie dazu die Wurst am hinteren Drittel zwischen Daumen und Zeigefinger und führen Sie die Wurst zum Mund. Beißen Sie dann die Haut auf und saugen (zuzln) nun das begehrte Wurstfleisch in den Mund. Probieren Sie's aus, ist gar nicht so einfach!

Ein anderes bayerisches *Schmankerl* ist die *Leber-kassemmi*, die man in München bei jedem Metzger bekommt, ebenfalls gerne mit süßem Senf. Für den etwas größeren Hunger gibt's das *saure Lüngerl* mit *Semmiknödl*.

Was am Sonntag traditionell auf dem Küchenzettel vieler bayrischen Familien steht, ist der *Schweins-braten mit Blaukraut und Kartoffelknödel,* alternativ auch eine *Schweinshaxn mit Krusterl,* Bratkartoffeln und Krautsalat. Natürlich schmeckt das auch an jedem Werktag mindestens genauso gut, beides finden Sie in jeder traditionell bayerischen Gaststätte auf der Speisekarte.

Meine Frau hat mich extra noch daran erinnert, dass als Dessert (zur Erntezeit der Pflaumen zwischen Juli und Oktober) der Zwetschgendatschi nicht fehlen darf. Ein ganz einfacher Pflaumenkuchen aus Hefeteig. Ich habe bei uns zuhause diese köstliche Spezialität selbst schon öfter gebacken und meine Frau sagt: super lecker!

Wenn Sie die genannten kulinarischen Köstlichkeiten nicht zumindest einmal probieren, dann entgeht Ihnen etwas. Und ich kann es mir kaum vorstellen, dass jemand in Bayern ist und sich nicht wenigstens eine Mass gönnt!

Nachdem Sie die vorhergehenden Kapitel gelesen und vielleicht auch schon mal eine leckere *Leberkassemmel* verzehrt haben, sind Sie bestens gewappnet, um sich nun eingehend mit dem bayrischen Dialekt zu befassen.

Nachfolgend habe ich einen Grundwortschatz zusammengestellt, der es Ihnen ermöglicht, die Bayern im alltäglichen Leben besser zu verstehen. Sie finden in den folgenden Abschnitten mehr als 300 Wörter und deren „Übersetzung" ins Hochdeutsche, die Sie auf jeden Fall kennen sollten.

Ich habe die bayerischen Worte so geschrieben, wie sie gesprochen werden. Keine Lautsprache, einfach so lesen wie es dasteht. Meine Frau ist keine gebürtige Bayerin und sie hatte keine Probleme ein bairische Wort zu lesen und mit durchaus akzeptabler Aussprache wiederzugeben. Probieren Sie es aus, ist wirklich nicht schwer!

A

abfiesln	abnagen
abfotzen	jemanden ohrfeigen
Aff	Affe
affig	reizbar, empfindlich
ah geh!	hab dich nicht so!
alloa, alloanigs	alleine, ohne fremde Hilfe
amoi	einmal, später einmal, irgendwann
anderst, anderster	anders
Antn	Ente
Arbad	Arbeit
aschlings	rückwärts
aufbrezln	schön machen (zum Ausgehen)
auffe	hinauf
auflurn	auflauern
aufmandeln	sich wichtigmachen
aufmischn	verprügeln
aufspuin	musizieren
ausgfuchst	raffiniert
ausgschahmt	unverschämt
ausmacha, etwas	sich verabreden
Auszogna	Gebäck aus Hefeteig

B

Baaz	Matsch
back mas	aufbrechen, los geht's, etwas angehen
Backalsuppn	Tütensuppe
Backerl, Backl	Päckchen
bassd scho	ist schon Okay
Batzerl	kleines Stück von etwas
Bazi	Schlitzohr
Biffi, der	jemand mit schlechtem Benehmen
bisln	urinieren
Bissal	kleines Stück von etwas
bitt schee	Bitte, bitte schön
bläd	dumm
bläds Rindvich	blöde Kuh
Blafon	Zimmerdecke
Blätschn	Zunge
Boandlkramer	der Tod
Botschamperl	Nachttopf
Brand ham	durstig sein
Brazn	Hand
bsuffa	betrunken
Bua	Bub, Junge

bumpern	poltern oder pochen, auch Herzpochen
Busserl	Kuss
Buxn	Hose

Chefzapferl	Ar***kriecher

dabatzn	zerdrücken, zerquetschen
dablecka, dableckn	verhöhnen, veräppeln, aus- lachen
dafeid	verfault, vergammelt
dahaut	erschöpft, schlapp
dahoam	daheim, zu Hause
Daifi	Teufel
dammisch	dumm, verrückt
Dangsche	Danke
Dantla	Händler (etwas abschätzig)
daschnaufa	ausreichend Luft haben
dawei	inzwischen
Dia	Türe

Diridari	Geld
Doag	Teig
Dragerl, Dragl	Bierkasten (andere Getränkekästen)
drazn	jemanden ärgern
dreggat	schmutzig
Dussl	Glück

E

ebbas	etwas
eha	Ausruf des Erstaunens
eich	euch
Erdebbfe	Kartoffeln
etz, etza, etzad	jetzt

F

fad	geschmacklos, langweilig
Fassl	Fass
Fäustling	Fausthandschuh
fesch	gutaussehend
fiachtn	fürchten, Angst haben
Fleischpflanzl	Frikadelle / Boulette

foigfressn	satt
Fotzn	Schläge/ Ohrfeigen oder der Mund
Fotznklemptner	Zahnarzt
fozert	frech
frotzeln	ärgern, hänseln, necken, verspotten
fuchsen	ärgern
Fufzga	Fünfziger (Geldschein)

Gartln	Gartenarbeit
Gaudi	Spaß
gaach	steil
gemma	laß uns gehen
gfraid mi	freut mich
Gloife	unbeholfene, unhöfliche Person
Glubbal	Finger, Wäscheklammer
Glump	schlechte Ware
Gnödl	Klos
Gnödlfriedhof	der Magen
Goschn	Mund (aggressiv: hoid dei Goschn)
Gottesacker	Friedhof
Graffe	Gerümpel

grampfn	stehlen
granteln	meckern
grantig	schlecht gelaunt
Grantler, Grantlhuaba	Person mit schlechter Laune, Meckerer
Grattler	abfällig für unbeliebte Person
gschaftln	wichtig machen
gschamig	schüchtern, schamhaft
gschert	böse
Gschiss	Unannehmlichkeit
gschlampert	schlampig
gschmackig	wohlschmeckend
gselcht	geräuchert
gspinnat	verrückt, ausgeflippt
Gspusi	Geliebte
guad	gut
Gutti	Bonbon
gwampert	dick
Gwand	Kleidung

Haderlump	Betrüger, Taugenichts
Haferl	Kaffeetasse
Haring	Hering, dünner Mensch
Hascherl	bedauernswerte Person

hatschen	gehen, hinken, beim Gehen schwer tun
Haxn	Bein
heid	heute
Helfdagod!	Gesundheit! (Wenn jemand geniest hat)
Hendl	Huhn
hoarig	heikel, brenzlig, delikat
hock di	setz dich
Hodan	Lappen
hoib	Hälfte von etwas
Hoibe, a	eine halbe Mass (1/2 Liter Bier)
Hoiz vor da Hüttn	großer Busen
Hosnbisla	Weichei
host mi!	hast du verstanden! (zeugt von Ungeduld)
hudln	Übereilen

I

i	ich
i glab dir brennt da Huat	Ich glaube, du spinnst wohl
i kimm ned auf der Brennsubbn daher!	Ich bin doch nicht doof!
i mog di	Ich mag dich

J

Ja mei!	Kann man nichts machen, meine Güte
Janka	Trachtenjacke
Joppn	Jacke, Sakko
Joa	Jahr
jessas	Ausruf der Überraschung

K

kaffa, kaffn	kaufen
Kaibe	Kalb
kappiern	verstehen
karteln	Karten spielen
Kasbladl	abschätzig für Zeitung
kasig	bleich, blass
Kibe, Kiwe	Kübel
kimmst a ummi?	Kommst du auch mit?
Koda	Kater
kommod	bequem
Kracherl	Limonade, Sprudel
krachert	sehr auffällig
Krapfn	Berliner

kraxln	klettern
Kren	Meerrettich
Kuchl	Küche

L

laar	leer
Lacke	Pfütze
lackiert	Betrogen, hereingelegt
Lädschn	Gesicht
Lampal	Lamm, Lampe
Landler	Volkstanz
laffa	laufen, rennen
Laidl, Laid	Leute, Menschen
Lebakas	Fleischkäse
ledschert	mürrisch
Luada	unverschämte Frau

M

macha	machen, etwas tun
Madl	Mädchen
malad	elend
Mascherl	Schleife
mahn	mähen

mausn	stehlen
Mandl	kleiner Mann, männliches Tier
Mass	Liter Bier im Krug
mei	aha, warum nicht
mia	wir
mia wurscht!	ist mir egal!
miad	müde
Milli	Milch
Minga	München
Mongdratzal	Häppchen von dem niemand satt wird.
Muckn	Mücke
Musi	Musik

nackln	rütteln, hin-/herbewegen
naa	nein
nachad	später
nachanand	hintereinander, nacheinander
nackat	nackt
narrisch	äußerst, verrückt
neamad, neamands	niemand
nehma	nehmen

neich	neu
niamois	niemals
Noagal	kleiner Rest im Bierglas
nüchtan	Nüchtern

Oachktzlschwoaf	Eichhörnchenschweif
oans, zwoa, drei gsuffa!	Eins, zwei, drei, ausgetrunken! (Trinkspruch)
Obacht!	Achtung
obandln	flirten
obbrennt	pleite, finanziell abgebrannt
obenzen	mit einem Anliegen in aufdringlicher Weise in den Ohren liegen
obrennt	angebrannt
oglanga	anfassen, berühren
ogsogt	angesagt, IN sein
Oida	Ehemann
Oide	Ehefrau
ois isi	alles easy
okumma	ankommen
ostrengad	anstrengend
O'zapft is!	es ist angezapft! (traditionell nach Faßanstich)

P

pelzen, sich	sich vor etwas drücken
Pfandl	kleine Pfanne, Pfänn-chen
pfeigroad	tatsächlich
pfundig	gut
plattert	glatzköpfig
prazln	betrügen
Pummal	Pummelchen

Q

Quadratlatschen	große Schuhe / Füße
Quetschen	Akkordeon
Quasi	Gewissermaßen

R

raacha	rauchen
Radi	Rettich
Radl	Fahrrad
Radlfan, radln	Radfahren

radschn	sich unterhalten
Radschn, die	ein Plappermaul
Raffa	raufen
Ratzifummi, Ratzi	Radiergummi
Reibadatschi	Kartoffelpuffer
ruachad	gierig, raffgierig, geizig
rumdaifen	rumtoben, rumtollen

S

sakrisch	sehr, gewaltig
Sackl	kleiner Sack
Sakra	Ausruf der Überraschung
Saupreiss	neckische Bezeichnung für Nicht-Bayern
schachern	feilschen, handeln
Schandi	Polizei
schau ma moi	warten wir es ab
schau moi her	sieh dir das an, sieh her
schee	schön
schiach	unansehnlich
schick di	beeile dich
schiergln	schielen
Schlawiner	gewiefte Person
schleich di!	geh weg, verschwinde!
Schmankerl	Leckerbissen
Schmarrn	Unsinn

schnacksln	Geschlechtsverkehr praktizieren
Schnaufferl	langsames Auto/Gefährt
Schneizdiachl	Taschentuch
Schneizla	Schnupftabak
Schoas	Darmwind
Schundnickel	Knauserer
Schwammal	Pilz
sei ma ned bäs	nimm´s mir nicht übel
Semmi	Brötchen
Servus	Tschüss, Hallo
spein	übergeben
Spezl, Spezi	guter Freund/Kumpel
Standl	Kiosk
Stiang	Treppe

T

Taxler	Taxifahrer
Topfn	Quark
Tram, Trambahn	Straßenbahn
tratzn	hänseln
traumhappad	in Gedanken versunken
trenzn	etwas verkleckern
triab	Trüb (triabs Wasser)
Trix	Trick
Trottoar	Gehsteig

U

überbleim	übrig bleiben
übaroi	überall
umara	um (Zeitpunkt)
umschnackln	umknicken
Umstandskrama	umständliche Person
unbandig	ziemlich viel

V

vabritschn	verraten
vagessn	vergessen
vahaut	runtergekommen
vakaffa	verkaufen
varatzt	aufgeschmissen
vareck	Ausdruck des Erstaunens
vaschandl	verunstalten
vazapfa	Unsinn reden
vazapfn	daherreden
verbandeln	verbinden, verknüpfen, verkuppeln
Voda	Vater
voglwuid	ziemlich ausgeflippt
voi, vui	Viel

W

Wadelbeiser	Kleiner bissiger Hund
Wadl	Wade
Wammerl	Bauchspeck
Weda	Wetter
Weiberleit	Frauen
wesbat	nervös, unruhig
Weinberl	Weintrauben
wia gäds da?	wie geht es dir?
wia hoaßt du?	wie heißt du?
wia vui?	wie viel?
Wiesn, die	das Oktoberfest
Wimmal	Pickel
woas i do ned	weiß ich doch nicht
woas is?	wie Bitte, was ist los
wos mogst?	wie bitte?
Wuisla	Jammerlappen
Wappal	Aufkleber
Waffe	Mund
Wattn	bayerisches Kartenspiel
werkln	etwas tun/arbeiten
wetzn	rennen
Woid	Wald
woana	weinen
Woch	Woche
woin	wollen

Z

zaach	zäh
zam sei	zusammen sein
Zamperl	Kleiner Hund
Zehnerl	Groschen
Zipfeklatscher	Angeber, Idiot
zua	zu, betrunken sein
Zuagroasta	in Bayer lebender Nicht-Bayer
zünftig	toll, gut
zuzln	saugen
Zwetschgndatschi	Pflaumenkuchen
Zwickl	2-Euro Münze
Zwiwi, Zwifi	Zwiebel

des woas...

Vui Spaß
in Bayern!

Tegernsee in Bayern